ÉCONOMIE DE TROIS MILLIONS POUR LA REPUBLIQUE,

ET

PRÉCIS des motifs de sagesse et justice qui s'opposent à la translation de l'Administration Centrale de la Manche à Saint-Lo, distribué à l'appui des Adresses en réclamation de la conservation du Chef-Lieu à Coutances.

Vérité, Impartialité.

AVANT la révolution, Coutances fut constamment le Chef-Lieu du territoire composant le Département de la Manche, soit pour les Assemblées relatives aux Etats Généraux, soit pour le siège des divers établissemens de justice. Il y a plus : lors de la création des ci devant présidiaux celui de Cotentin fut d'abord établi à Saint-Lo, et ensuite sur la réclamation des justiciables et sur la demande des ci devant Etats de Normandie, il fut transféré à Coutances, où il est resté jusqu'à sa suppression. Coutances dut ces avantages à sa position centrale, et aux rapports de tout genre des habitans du territoire, qui y sont établis de temps immémorial.

2°. A l'époque où l'Assemblée Constituante décréta la nouvelle division, *Saint-Lo* éleva des prétentions qui furent examinées par le Comité de Constitution, et discutées dans l'Assemblée générale des Députés de la ci-devant Normandie, en présence des Commissaires extraordinaires de Coutances et de Saint-Lo. Le résultat fut la loi du 26 Février 1790, qui ordonna que l'Assemblée de Département se tiendroit provisoirement à Coutances, en laissant aux Electeurs à décider, si cette assemblée devoit alterner, ou si Coutances devoit définitivement rester le Chef-Lieu. Le 22 Juin suivant, l'assemblée Electorale prononça en faveur de Coutances. Après une mûre discussion, malgré les efforts, aisés à présumer, des électeurs du district de Saint-Lo, malgré l'intérêt que chaque district avoit de posseder par l'alternat, l'assemblée de département, sur 665 électeurs, 440 votèrent pour la permanence à Coutances, et 225 seulement pour l'Alternat. Cette délibération des électeurs fut confirmée par la loi du 11 Septembre suivant, et Coutances resta définitivement le Chef-Lieu.

3°. Par suite de cette derniére loi du 11 Sept. 1790 confirmative du vœu des administrés si clairement, si mûrement, et tant de fois manifesté, l'administration de département acheta à Coutances, le 21 Sept. 1791, un local extrémement commode pour la tenue de ses séances et le placement de ses bureaux ; ce bien national a été payé, disposé, meublé aux frais des administrés. Les besoins de la guerre ayant forcé d'établir dans ce local tous les magasins des subsistances militaires, l'administration a été provisoirement transférée dans un autre emplacement encore plus commode au ci-devant évêché ; et Coutances a l'avantage de réunir dans son enceinte nombre d'autres maisons nationales très-propres pour y placer les tribunaux, et y former tous les établissemens possibles.

A Saint-Lo au contraire, à raison du peu de ressources qu'offre la localité pour y établir l'administration centrale, toute espèce de dépenses est nécessaire. De fait certain et exact, il n'existe à Saint-Lo aucun édifice national qui soit propre à un grand établissement, aucun emplacement qui sans édifier en neuf puisse recevoir l'administration départementale avec ses dependances. Les mauvais bâtimens appelés le Couvent, dans lesquels on prétend l'établir, et les seuls auxquels on puisse songer, obscurs, bas, humides, sans communications ni plein pied et étayés de toutes parts, sont dans un état de délâbrement qui exigeroit des dépenses énormes en reconstructions et en réparations préalables. Enfin à St. Lo les resources locales sont si bornées qu'on y est obligé de loger l'infanterie en maisons particulières, faute de maison nationale qu'on puisse convertir en casernes, et qu'il faut deviner où on trouvera des logemens pour les bureaux de la Direction générale des domaines nationaux, du Timbre, de l'Ingénieur en chef etc., qui forment les dépendances de l'administration centrale et la suivent. (Voyez l'état descriptif imprimé ci après).

4°. La commune de Coutances située au milieu des communes maritimes les plus peuplées du département, est par cela même le centre de la plus grande population et des plus fortes contributions publiques : elle est aussi le centre de toutes les grandes routes, et notamment des communications si long temps désirées entre la Bretagne et Cherbourg par Avranches et Grandville. La simple inspection d'une carte exacte peut prouver que les grandes routes qui aboutissent à Coutances, et sa position, en rendent l'accès plus facile aux deux tiers au moins des Administrés.

La position Topographique de Saint-Lo au milieu des terres sur les confins du Calvados à 3 lieues au plus, sans grandes routes du côté d'Avranches et de Mortain, lui refuse tous ces avantages. Sans rien gagner pour la facilité des communications avec le port de Cherbourg, on recule de 7 lieues celles avec Grandville ; on recule et on entrave singulièrement celles d'une partie du district de Mortain, du district d'Avranches en entier, et de toute la longueur des côtes de l'Ouest, jusqu'à Cherbourg, c'est-à-dire, celles de la très-grande majorité des Administrés.

5°. Une considération politique qui dans tous temps parut décisive, et à laquelle la juste crainte de voir les *chouans* pénétrer dans les communes maritimes du département, pour y établir des communications très-rapprochées avec l'ennemi extérieur ajoute encore un grand poids, c'est que, dans nos guerres fréquentes avec l'Angleterre, les côtes de l'Avranchin et du Cotentin voisines des Isles de Jersey et de Guernesey sont exposées aux insultes continuelles de l'ennemi. Or de toutes les communes du département, Coutances est la seule centrale pour la surveillance de ces côtes, c'est celle d'où l'on peut faire parvenir le plus rapidement les ordres à tous les points menacés, c'est celle d'où l'on peut faire échouer le plus sûrement les tentatives journellement préparées dans les Isles Anglaises.

C'est donc exposer le salut public que de reculer de 7 lieues plus avant dans les terres l'administration surveillante et exécutive ; c'est rendre moins rapides les correspondances et les relations entre le militaire et le civil, les Généraux Divisionnaires chargés de la sûreté des côtes de l'Avranchin et du Cotentin, ayant, dans toutes les guerres, reconnu la nécessité de fixer habituellement leur quartier général à Coutances.

6°. En laissant l'Administration centrale à Coutances aucun dérangement, aucune dépense, aucune interruption dans les affaires. La machine est toute montée, il n'y a plus que le mouvement à imprimer.

En transportant au contraire cette administration à sept lieues de distance, sans parler des frais très-considérables de déplacement, de transport et d'établissement, qui joints aux dépenses en réparations et reconstructions à faire aux bâtitimens de Saint-Lo, absorberont inutilement un capital de plus de *trois millions*, lorsque tout commande la réduction des dépenses publiques et la plus grande sagesse dans l'emploi des ressources nationales, l'expérience journalière n'apprend-elle pas qu'un aussi grand changement ne peut s'opérer sans porter au moins pendant un mois dans toutes les parties administratives une désorganisation générale. Est-ce en effet au moment où tout ce qui tient à l'Administration va être forcé de songer aux détails d'arrangement de bureaux et à l'établissement de sa famille; est-ce au milieu des ouvriers et du désordre des papiers et des archives que des Administrateurs pourront s'occuper des grands objets dont ils ne peuvent être distraits un instant sans un préjudice notable pour la République? Est-ce dans de pareils momens qu'ils pourront s'entendre et prendre avec la maturité nécessaire les délibérations si instantes relatives à l'exécution des lois sur les subsistances, les finances, la guerre, l'éducation publique, etc.? Est ce en un mot au milieu de la confusion de tout ce mouvement qu'ils pourront suivre la correspondance avec les Administrations civiles et militaires, répondre aux circulaires du Gouvernement et lui présenter des vues: et n'est ce pas reculer de plusieurs mois la confection des mémoires et des états demandés sous le plus court délai, sur tous les objets d'Administration qui se rapportent à chaque Ministère?

L'ordre et le calme si nécessaires en administration, l'économie si desirable dans les dépenses publiques, l'activité si urgente dans tous les services, toutes les considérations les plus importantes et des inconvéniens sans nombre sollicitent donc impérieusement la conservation de l'Administration centrale à Coutances.

7°. Une considération qui milite encore en faveur de Coutances, c'est d'avoir pour lui le premier travail du Comité de Division. L'arrêté pris postérieurément en faveur de Saint-Lo et adopté par la Convention Nationale le 21 Vendémiaire, est le fruit de réclamations qui n'ont eu de succès, que, parce que Coutances, loin d'être averti, avoit au contraire reçu la nouvelle positive qu'il conservoit ses établissemens et qu'il devoit à sa position centrale d'obtenir les Tribunaux. Les circonstances ne lui ont pas ensuite laissé le temps de faire valoir auprès de la Convention Nationale les invincibles moyens qu'il puise dans la vérité, comme dans le grand intérêt de la République, pour éclairer la religion du Corps Législatif. Ils eussent sans doute été un obstacle plus que suffisant à un changement qui dans son ensemble entraîne une dépense énorme sans offrir en compensation aucun avantage. On en jugera sur-tout ainsi, après avoir pesé nos réponses aux raisons particulièrement alléguées en faveur de Saint-Lo.

PREMIÈRE OBJECTION.

En plaçant l'administration centrale à St. Lo on l'a rapproche de 7 lieues du Pouvoir exécutif, les communications en seront plus faciles, et l'expedition des affaires y gagnera.

RÉPONSE.

La poste de Paris à Cherbourg, arrive tous les jours de 10 à 11 heures du soir à St. Lo, et de 4 à 5 heures du matin à Coutances. La poste part tous les jours de Coutances à 4 heures du soir, et arrive à St. Lo entre 10 et 11 heures. Vers 1. heure après minuit, arrive la poste de Cherbourg à Paris, qui reprend ensemble les paquets de Coutances et de St. Lo. On demande alors où est le grand avantage ? Le quartier générale étant habituellement à Coutances, combien d'opérations au contraire ne seront-elles pas retardées, lorsqu'elles exigeront le concert de quelque mesure administrative.

DEUXIEME OBJECTION.

Coutances situé à deux lieues de la mer, est en temps de guerre exposé aux insultes des Anglais, qui peuvent d'un coup de main enlever l'administration et ses papiers.

RÉPONSE.

Une descente des Anglais sur les rochers qui bordent les côtes plates voisines de Coutances pour enlever l'administration et ses papiers, est un vrai rêve pour quiconque connoît la localité. La descente de quelques Anglais sur divers points des côtes du département, pour y prendre des correspondances, pour y déposer des émigres, des déportés, de faux assignats, des secours pour les Chouans, est une vérité que l'expérience a plus d'une fois prouvée, et qui démontre la nécessité de ne pas éloigner au plus loin dans les terres l'administration centrale d'un département, presque tout maritime, qui chaque jour doit concourir avec le militaire à l'exécution des mesures prises pour obvier à ces désastreux abus.

TROISIÈME OBJECTION.

L'esprit public de Coutances est mauvais; c'est une commune gangrennée d'aristocratie, c'est un pays de Chouans.

RÉPONSE.

Il existe à Coutances un certain nombre de ces êtres appelés *Aristocrates*. Il en existe autant à St. Lo. Quelle est la commune qui peut se flatter de n'en pas renfermer dans son sein ? Mais à Coutances l'esprit public est bon. C'est une des communes de la république où le peuple en masse est le plus avancé vers la liberté, le plus patient dans ses maux, le plus dévoué au maintien du gouvernement républicain. Toutes les fois qu'il a été réuni pour les élections en assemblées primaires, il n'a appelé aux places que des patriotes éprouvés. Les sacrifices sont devenus nécessaires, la patrie a été déclarée en danger, le territoire français a été envahi; nulle autre commune, en toute occasion, ne s'est mieux distinguée par une multitude de dons patriotiques ; les registres publics en font foi: nulle autre, à raison de sa population n'a fourni autant de défenseurs volontaires de la patrie, et les Grenadiers de Coutances qui volérent à la frontière, au 1er. appel, sont encore à l'armée du Rhin. Coutances est en outre une des communes du département où le peuple n'a reçu depuis un an que la plus chétive distribution décadaire de grains et au plus haut prix. Eh bien, le plus léger mouvement d'insurrection ne s'y est pas manifesté, tandis que diverses communes, et notamment St. Lo ont été agitées pour cet objet avec moins de raisons. Il est certain d'ailleurs, et à cet égard on en appelle à la correspondance du représentant Dentzel, il est certain que les chouans ont fait plus de tentatives sur le district de St. Lo que sur celui de Coutances. Il est certain que si l'arbre de la liberté a été coupé dans quelques communes du district de Coutances les plus voisines de celui de St. Lo, à Coutances et aux environs il n'a reçu aucun insulte, tandis qu'il a été coupé non seulement dans divers cantons voisins de St. Lo, mais à St. Lo même. Il est encore certain que cet événement est arrivé à St. Lo huit jours avant la tenue de l'assemblée électorale, à l'époque même ou un Rapporteur qui jouit de l'estime et de la confiance générale, induit en erreur par des renseignemens inexacts sur la véritable situation des lieux, faisoit décréter par exception, et comme mesure de sûreté, que les Electeurs au lieu de se réunir à Coutances, s'assembleroient à St. Lo. Enfin il est certain que pendant la séance même de l'assemblée électorale, depuis, et tout récemment encore, les

Chouans ont exercé des pillages aux environs de St. Lo. Que conclure de tous ces faits avec impartialité et bonne foi ? On n'en concluera pas que la majorité des habitans de St. Lo n'est pas patriote, que c'est une commune remplie d'Aristocratie, un vrai pays de Chouans, où l'assemblée électorale a été exposée pendant sa séance, et où l'administration centrale ne seroit pas en sûreté : ce seroit injurier gratuitement les Citoyens de St. Lo, et commettre une injustice réelle envers eux. Mais aussi de tous ces faits on concluera qu'il n'y a pas plus de motifs pour produire une pareille accusation contre Coutances, que l'exception décrétée pour la tenue de l'assemblée électorale étoit complettement inutile, et qu'il seroit étrange, ou plutôt d'une souveraine injustice, qu'une inculpation aussi peu fondée devint un moyen d'enlever l'administration centrale à Coutances, après une permanence de cinq ans, cimentée par plusieurs loix, et lorsque tout dépose en faveur du civisme constant de la grande majorité de ses habitans et de leurs nombreux sacrifices pour le succès de la révolution.

QUATRIÈME OBJECTION.

En réunissant les établissemens civils à Coutances on en fait une petite Capitale, lorsqu'il se trouve dans le Département une commune à-peu-près égale en population et centrale par rapport à quelques parties du territoire.

REPONSE.

Les principes qui font la base du rapport du

comité de division vont résoudre l'objection en faveur de Coutances.

Les établissemens civils étant institués pour l'avantage des administrés, et non pour l'intérêt particulier de quelque communes, la question de la réunion des établissemens doit être considérée, abstraction faite des intérêts locaux sous le seul point de vue de l'utilité générale, de celle du plus grand nombre qu'il faut toujours consulter, et qui doit passer avant tout. Or l'intérêt général des administrés du département presque tout maritime de la Manche, est incontestablement que les établissemens soient réunis au centre des côtes; là où l'avantage réel des communications ouvertes et de la commodité des deux tiers d'entr'eux se trouve; là où de temps immémorial les habitudes et les rapports de tout genre sont formés; là où la presque totalité des dépenses de placement est consommée, et où la localité offre toute resource possible, pour établir de nouveau presque sans aucuns frais. L'intérêt general sollicite donc la réunion à Coutances, et dans les termes même du rapport du *Vasseur de la Meurthe* qui précise les seuls cas où il peut être permis de priver les administrés des avantages de la réunion des établissemens dans la même commune, Saint-Lo étant bien éloigné d'être plus rapproché du plus grand nombre des points de la circonférence, Coutances au contraire étant de fait le centre des côtes, de la plus grande population et des communications, il ne peut y avoir lieu, même à diviser, en faveur de S. Lo,

ADDITION.

La commune de St. Lo ayant fait imprimer un mémoire contradictoire à l'adresse des habitans de Coutances, auquel est joint un état détaillé, très-pompeux, des bâtimens destinés à recevoir l'Administration centrale, pour donner une idée de l'exactitude et de l'impartialité avec lesquelles les faits y sont rapportés, et mettre la religion des Législateurs à l'abri de toute surprise sur l'article important de la dépense, on croit utile d'imprimer ici la description *véridique* du local.

DESCRIPTION EXACTE

Des Maisons du-ci-devant Couvent de Saint-Lo, où on se propose d'établir le Département.

Je vous donne avis, cher Concitoyen, qu'on s'occupoit aujourd'hui à Saint-Lo de faire faire un état descriptif de tous les appartemens qui existent dans le Couvent où l'on se propose de loger le Département. Je connois parfaitement le local, et je vais sans affectation tracer le tableau de tous les corps-de-logis qui existent: il pourra servir de contre-poids à celui emphatique qu'on va sans doute envoyer de Saint-Lo et dans lequel, si on n'outre pas les grandeurs des appartemens, on aura au moins l'adresse de ne rien dire de leur peu de solidité, clarté, hauteur et commodité.

ENSEMBLE DES BATIMENS.

L'enceinte renferme, proprement dit, quatre corps-de-logis séparés par trois cours de différentes grandeurs; deux sont dans la première cour. Le troisième est dans l'ancienne église, et le quatrième est celui qui fait face à la place.

PREMIER CORPS DE-LOGIS.

Ce corps-de-logis, le moins mauvais de tous et le plus commode, est habité par le Directoire. Il contient environ cinquante toises carrées de surface : il est composé d'un rez de chaussée, de deux étages et d'un grand dortoir en mansardes. Chaque étage a six ou sept pieds de hauteur au plus sous plancher.

Le rez-de-chaussée est composé d'nne salle où se tiennent les séances du Directoire à droite; et d'un autre appartement qui sert de Secrétariat : un escalier en bois dont les marches ont au moins *sept pouces et demi* de hauteur, resemelées en tuileau et tout délâbré occupe le milieu ; deux personnes peuvent à peine y passer à côté l'une de l'autre.

Le premier étage consiste en trois chambres, le second en quatre plus petites en raison de la surface; le grenier est plafonné à six pieds de hauteur et occupe toute la longueur.

Cette maison a été étayée de fond en comble par des colonnes tournées pour en diminuer la laideur : la solidité des murs et de la couverture n'est guère meilleure; au surplus c'est aux gens de l'art à la juger.

DEUXIEME CORPS-DE-LOGIS.

Il contient quatre-vingt-dix toises carrées environ : il ne consiste qu'en un rez-de-chaussée fort humide établi à 18 et 24 pouces au-dessous des cours avec un premier et second étage et un grenier sur le tout.

Le rez-de-chaussée est composé de l'ancienne cuisine du Couvent, très-sombre, étroite et peu logeable, du réfectoire, d'un cellier et d'une petite salle en retour vers le midi, le tout n'ayant pas plus de six pieds de hauteur, en mauvais état, avec étayement sous les poutres, et si humide qu'on ne peut y établir aucuns bureaux. Le sol des cours est par-tout de 15 à 18 pouces au-dessus de celui des salles.

Le premier étage s'habite par un escalier de de trois pieds de largeur ; il est composé de cinq à six petites chambres de 12 à 15 pieds de grandeur, peu hautes de plancher, situées sur plusieurs plans, de sorte qu'on est obligé de monter et descendre plusieurs fois pour les habiter par dans un corridor étroit et sombre. Deux mauvais escaliers à noyau aux deux bouts sont les seuls qui servent à habiter les chambres en galletas qui sont au-dessus et dont il n'y a pas une seule croisée qui tienne ; encore un de ces escaliers est-il en croix, si étroit et si roide que deux personnes ne peuvent y passer. Toutes ces chambres sont divisées par des cloisons sans lesquelles les poutres ne pourroient se soutenir.

TROISIEME CORPS-DE-LOGIS.

Il comprend l'ancienne église et deux petites salles au bout qui servoient de sacristie et de parloir, avec chambres sur icelles de même grandeur. Il y a aussi trois chambres fort étroites et habitées par un escalier particulier et un corridor donnant sur la moitié de la longueur de l'église, vers l'autre rue, à 15 ou 20 toises du premier corps-de-logis.

L'autre moitié de l'église plafonnée aussi contient un grenier distribué en petites célules éclairées en mansardes.

Tout ce corps-de-logis peut contenir environ cent toises carrées et est occupé par le tribunal de District.

QUATRIEME CORPS-DE LOGIS.

Il forme l'extrémité de l'enceinte du Couvent du côté de la place, et il a environ 12 toises de longueur sur 3 de largenr, ce qui occupe une surface totale de 80 toises y compris des celliers sous terre, avec galerie et galletas, dont les aires sont en terre, situés en retour de chaque côté.

De tout ce corps-de-logis on ne peut raisonnablement citer que deux chambres actuellement occupées par la Bibliothèque publique au-dessous d'une desquelles est située une salle mal éclairée, non pavée, servant de bureau de conciliation. L'autre partie du rez-de-chaussée consiste en un passage et deux celliers à côté non éclairés et séparés par de gros murs qu'on ne peut supprimer. Il n'y a point de second étage sur ce corps-de-logis.

Les deux ailes en retour ne sont pas habitables à cause de leur humidité et du mauvais état des murs, des planchers et de la couverture, il n'y a qu'un étage fort bas dont la distribution sur des plans différens donne sans cesse à descendre, à tourner et à monter. Au surplus ils ne valent pas même la peine de les raccommoder.

RÉSUMÉ.

En général tous ces bâtimens m'ont paru mal entretenus, les planchers mauvais ainsi que les couvertures, les appartemens bas, peu airés, mal éclairés, humides et peu propres à faire un grand établissement. Le Tribunal et le Directoire du District après bien de dépenses y sont fort mal logés. Il n'y a que la Salle d'Audience, ou l'ancienne église, ce qui est la même chose qu'on puisse citer.

Ce tableau n'est point exagéré, mais si on le contredit il est à propos de demander suspension du décret jusqu'après la vérification des faits par des hommes de l'art sur le rapport desquels on puisse compter.

Coutances, ce 4 Brumaire, l'an quatrième de la République.

Suit une page de Signatures à l'Original.

D'après l'exposé ci-dessus contradictoire à l'état complaisamment dressé par un architecte de St. Lo requis par les corps administratifs, les Citoyens de Coutances, de Periers et d'un grand nombre d'autres communes reclamant au nom de l'intérêt général des administrés, et du grand intérêt de la République, demandent avec instance la vérification des faits contradictoirement allégués, par les Ingénieurs du département, ou par tous autres Commissaires sur l'impartialité desquels on puisse compter. Ils demandent qu'on constate la situation respective des localités, le bon état et les ressources des emplacemens situés à Coutances, l'insuffisance et le très-mauvais état du seul local qui existe à St. Lo, et s'il n'est pas vrai que dans l'état descriptif imprimé aux frais de la commune de St. Lo., en outre le silence gardé sur la laideur, l'obscurité, l'humidité et le peu de solidité de tous ces édifices; on traite de *chambres* des appartemens de 9 à 12 pieds de largeur; qu'on y compte dans leur nombre jusqu'à des mansardes qui sont sur l'Église et qu'on qualifie de deux^e. étage; qu'on y compte comme appartemens habitables des portions de bâtimens entiers qui tombent en ruine, et dont l'escalier ne tient plus à rien; qu'on y substitue le nom de *salles* à de vilains celliers qui ne sont ni éclairés ni propres à aucun usage; enfin qu'on y cite comme *magasins* et *chambres* du dépôt des effets provenant des églises, des mansardes et des greniers.

Législateurs, la raison et la justice exigent la prompte vérification de tous ces faits, et la suspension provisoire de tout déplacement, en attendant le rapport d'un Décret aussi évidemment surpris à la religion de la Convention nationale, et de son Comité de division. Autrement, sans utilité, on va, au nom sacré de la loi, consommer pour satisfaire un méchant intérêt local une somme de plus de trois millions, et exposer les Communes maritimes à l'invasion des Chouans.

J. J. COSTIN;

chargé de poursuivre les réclamations des diverses Communes.

De l'Imprimerie de FANTELIN., rue de la Grande-Truanderie n°. 27.

www.ingramcontent.com/pod-product-compliance
Lightning Source LLC
LaVergne TN
LVHW052034160826
845678LV00003B/1337

* 9 7 8 2 3 2 9 6 3 6 9 5 5 *